本丛书（第1版）入选2020年全国优秀科普作品

·青少年知识产权普及教育丛书·

作品与著作权

第2版

国家知识产权局／组织编写

杨敏锋／撰文

知识产权出版社
全国百佳图书出版单位
—北京—

图书在版编目（CIP）数据

作品与著作权 / 杨敏锋撰文；国家知识产权局组织编写．— 2 版．— 北京：知识产权出版社，2022.1

（青少年知识产权普及教育丛书）

ISBN 978-7-5130-7706-4

Ⅰ．①作… Ⅱ．①杨… ②国… Ⅲ．①著作权—中国—青少年读物 Ⅳ．① D923.41-49

中国版本图书馆 CIP 数据核字（2021）第 181581 号

项目策划：刘　超　　**项目执行：**黄清明

责任编辑：李陵书　　**责任校对：**王　岩

封面设计：研美设计　　**责任印制：**刘译文

青少年知识产权普及教育丛书

作品与著作权（第 2 版）

国家知识产权局　组织编写

杨敏锋　撰文

出版发行：知识产权出版社有限责任公司　　**网　　址：**http://www.ipph.cn

社　　址：北京市海淀区气象路 50 号院　　**邮　　编：**100081

责编电话：010-82000860 转 8165　　**责编邮箱：**lilingshu_1985@163.com

发行电话：010-82000860 转 8101/8102　　**发行传真：**010-82000893/82005070/82000270

印　　刷：天津市银博印刷集团有限公司　　**经　　销：**各大网上书店、新华书店及相关专业书店

开　　本：787mm × 1092mm　1/16　　**印　　张：**4.5

版　　次：2022 年 1 月第 1 版　　**印　　次：**2022 年 1 月第 1 次印刷

字　　数：68 千字　　**定　　价：**25.00 元

ISBN 978-7-5130-7706-4

编者的话

青少年朋友们：

你们是否听说过知识产权？是否了解一些关于知识产权的知识？是否明白知识产权对于我们个人、社会和国家有着什么意义？其实，知识产权离大家并不遥远。这套《青少年知识产权普及教育丛书》将帮助你们找到这些问题的答案。

想象一下，如果世界上没有电灯、电话、汽车、飞机或者互联网这些划时代的伟大发明，也没有小说、诗歌、电影、音乐或者绘画这些文学艺术作品，我们的生活会是什么样子呢？人类文明和进步的历史其实就是一部发明与创新史，因为发明和创新深刻地塑造和改变了我们的世界和我们的生活方式。

人类的各种智力成果需要得到有效保护，进而激发发明人、创新者、创造者和艺术家的创新创造活力。人类文明也在不断创新，并且建立了能够持续激励和奖励创新的制度。事实上，知识产权制度已经存续了数百年，促进了人类创新的重大飞跃，进而深刻影响了历史。

知识产权的本质是鼓励创新、保护创新，是“为天才之火添上利益之油”。知识产权对于全球经济的发展和知识经济的繁荣发挥着与日俱增的重要作用。它已成为各国科学、技术、经济、社会和文化发展的动力和制度保障，同时也是国家竞争力与整体实力的综合体现。

我国知识产权保护工作，新中国成立后不久就开始了。经过不懈探索，中国知识产权事业不断发展，由弱变强、由多向优，走出了一条中国特色知识产权发展之路，知识产权保护工作取得了历史性成就，全社会尊重和保护知识产权意识明显提升。习近平总书记在中共中央政治局第二十五次集体学习时发表重要讲话，指出“创新是引领发展的第一动力，保护知识产权就是保护创新”“要加强知识产权保护宣传教育，增强全社会尊重和保护知识产权的意识”。

进入新发展阶段，推动高质量发展是保持经济持续健康发展的必然要求。知识产权作为国家发展战略性资源和国际竞争力核心要素的作用更加凸显。中共中央、国务院印发的《知识产权强国建设纲要（2021—2035年）》指出要“建设促进知识产权高质量发展的人文社会环境”，其中特别强调“进一步推进中小学知识产权教育，持续提升青少年的知识产权意识”。少年强，则国家强；青年兴，则民族兴。青少年是国家的未来，民族的希望，充满活力和创造力的青少年是实现中华民族伟大复兴的先锋力量。帮助青少年理解、尊重、创造和保护知识产权，培养他们新时代知识产权文化自觉和文化自信，具有重要意义。为帮助青少年系统了解并掌握知识产权基本知识，在国家知识产权局主持下，2018年我们组织编写出版了《青少年知识产权普及教育丛书》（以下简称《丛书》），包括《知识产权基本知识》《发明创造与专利》《商品、服务与商标》《作品与著作权》《创新思维与发明》5个分册。

《丛书》第1版推出以来，受到众多学校和师生的一致好评，并入选了科技部组织评选的2020年全国优秀科普作品。新修改的《商标法》自2019年11月1日起施行，新修改的《专利法》《著作权法》自2021年6月1日起施行。为深入贯彻习近平总书记重要指示精神和《知识产权强国建设纲要（2021—2035年）》，适应新修订的有关法律，更好地加强知识产权宣传教育，我们重新组织作者团队，编写出版了《丛书》中的《知识产权基本知识（第2版）》《发明创造与专利（第2版）》《商品、服务与商标（第2版）》《作品与著作权（第2版）》4个分册。《创新思维与发明》暂未修订。

由于时间仓促，编写者水平所限，《丛书》错漏之处在所难免，恳请广大读者在使用中不断发现问题，提出批评和建议，以便我们再版时修订完善。

让我们跟随《丛书》，一起走进五彩纷呈的知识产权世界，来探索近代以来深刻影响了人类生产生活、改变了人类社会面貌的知识产权的奥妙吧！

《青少年知识产权普及教育丛书》编委会

2021年12月

目 录

第一章

作品与作者

著作权法的保护对象是文学、艺术、科学领域内的智力成果，包括作品和作品之外的劳动成果。通过学习这一章的内容，我们将了解什么是著作权法保护的作品，如何确定作品的作者，以及作品的著作权应当归属于谁。

作品丰富着我们的精神生活，推动着社会进步。一个创意从看不见摸不着的构思变成我们看得见摸得着的智力成果，凝聚了创作者的智力劳动。不过，不是所有的劳动成果都能构成作品，也不是所有为作品完成付出劳动的人都可以称为作者。

本章知识结构

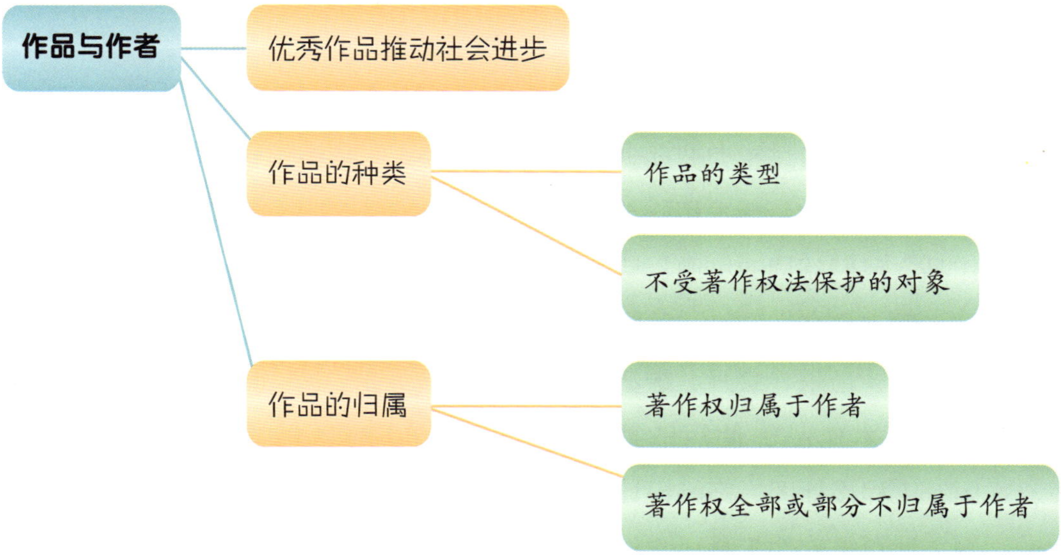

第一节

优秀作品
推动社会进步

“作品”这个名词大家一定很熟悉，可以说生活中处处是作品，我们写的日记是作品，画的图画是作品，哼唱的歌曲也是作品。

在人类发展的历史长河中，人们通过智力劳动创作了无数文学、艺术和科学作品。我们阅读的小说、诗歌、散文是文学作品，欣赏的电影、音乐、绘画、雕塑等是艺术作品，使用的地图、工程设计图、产品设计图、计算机软件等是科学作品。那么，到底什么是法律意义上的作品呢？

从著作权法角度讲，**“作品”，是指具有独创性并能以一定形式表现的智力成果。**所谓“独创性”，是指作品是作者运用自己的智力劳动创作出来的，而不是抄袭来的；“能以一定形式表现”，是指作品必须借助某种形式能够让人们看到、听到或触摸到，各种思想或想法要通过“表达”才能成为作品，脑海里的构思不是作品；所谓“智力成果”，是指作品是作者运用智力劳动创造的，不附加任何智力劳动的产物不属于作品。

问题讨论

通过对作品含义的理解，你能够发现身边的作品有哪些吗？

事例分享 1-1

花束拍照晒朋友圈惹来官司

韩女士最近遇到了一件烦心事。她在园艺师张某的花店购买了一束造型优美的鲜花后，随手拍了张花束照片发在朋友圈。张某看到后，认为该花束的著作权归自己所有，韩女士拍摄的花束照片没有加盖其花店的水印或者指出制作者名称，这种未经许可擅自将其享有著作权的作品公开的行为侵犯了自己的著作权。双方在交涉过程中，对赔偿问题一直没谈拢，最终张某向法院提起诉讼，要求韩女士赔偿损失10万元。

在本案中，法院认为涉案花束构成著作权法保护的作品，理由是该花束在视觉上具备相应的美感，具有独创性，且能够以有形形式予以复制。但是，韩女士将涉案花束拍照后上传到微信朋友圈的行为，主观上没有恶意，客观上也没有给张某造成不良影响，并不侵犯张某的著作权。

著作权法律制度是知识产权制度的一个重要分支，其目的是保障作者和相关权利人的合法权益，激励人们创作出更多有价值的作品，促进优秀作品的传播和利用，提升公众的文学、艺术和科学素养。著作权相关产业

在我国经济社会发展中占有重要地位，据统计，2019年中国版权产业的行业增加值为7.32万亿元，占GDP的比重为7.39%。其中，核心版权产业的行业增加值达到4.59万亿元，占全部版权产业的比重达63%。作为创新驱动发展的重要推动力，版权产业对我国转变经济发展方式发挥了重要作用，为我国经济发展质量和效益的提升提供了有力支撑。

随着科学技术的不断发展，作品的表现形式日益多样化。互联网技术和智能终端的普及，使作品的复制和传播更加便捷；自媒体时代，每个人都能成为一个作品创作和传播的平台。网络文学作品爆炸式增长，电子阅读成为越来越多读者的习惯；艺术作品表现形式异彩纷呈，光影变换和虚拟技术带给人们全新的艺术感受。

问题讨论

每一个时代都有对人们产生深远影响的优秀作品。你的家人和你最喜欢的书籍、电影和歌曲分别是什么？和同学们一起分享吧。

事例分享1-2

一部小说抄袭16部作品

小说抄袭并不是新鲜事儿，但网络文学领域却由于自身特点成为抄袭的重灾区。一方面，网络平台与传统的报社、杂志社、出版社相比，缺乏严格的内容审核机制；另一方面，网络写手人数众多，水平良莠不齐，部分网络写手通过抄袭来进行“创作”。在网络时代，抄袭方式也早已从简单粗暴的“复制粘贴”进化为改头换面的“洗稿”，原创者的维权之路更为艰难。

众多被改编为影视剧的热门网络小说纷纷陷入抄袭风波，如《三生三世十里桃花》《11处特工皇妃》《花千骨》《锦绣未央》等均是如此。

2019年5月，北京市朝阳区人民法院对“小说《锦绣未央》”侵害著作权系列纠纷案作出一审判决。法院认定，周某（笔名秦简）创作的小说《锦绣未央》与温瑞安等12位知名作者在先发表的《温柔一刀》《身历六帝宠不衰》等16部权利作品相比，就语句而言，或者均使用了独特的比喻或形容，或者均采用了相同或类似的细节描写来刻画人物或事物，或者均采用大量常用语言的相似组合；就情节而言，《锦绣未央》采用了上述16部权利作品中具有独创性的背景设置、出场安排、矛盾冲突和具体的情节设计，共存在数百处语句、20多处情节相同或实质性近似，共计11万余字。

一审法院认为，周某侵害了温瑞安等12位作者对相应作品享有的著作权，判令周某停止侵权、公开赔礼道歉并赔偿经济损失及维权合理支出共计74万余元。一审宣判后，双方均服判，未提起上诉。

第二节

作品的种类

在专利、商标和著作权这三种最主要的知识产权中，著作权更贴近我们的日常生活。同学们不从事生产经营，没有必要申请商标注册；也不是每个人都能够作出发明创造并申请专利。但是，我们的大脑每天都在对客观世界作出反应，产生丰富的感受和各种想法，当我们把这些感受和想法用某种形式表达出来时，就产生了受著作权法保护的作品。

文字作品

作品的类型极为丰富多彩，根据载体形式的不同，作品可以分为：（1）文字作品；（2）口述作品；（3）音乐、戏剧、曲艺、舞蹈、杂技艺术作品；（4）美术、建筑作品；（5）摄影作品；（6）视听作品；（7）工程设计图、产品设计图、地图、示意图等图形作品和模型作品；（8）计算机软件；（9）符合作品特征的其他智力成果。

上述这些作品的概念大多比较容易理解，比如文字作品指的是用文字形式表现的作品，如小说、诗词、散文等；口述作品指的是用口头语言形式表现的作品，如即兴的演说、授课、法庭辩论等；视听作品则是指通过机械装置能直接为人的视觉和听觉所感知的作品，如电影、电视剧等。

需要注意的是，这里的“美术作品”和“图形作品”是两个不同的概念。例如，美术作品中的国画、油画等属于艺术作品，不同的画家有不同的艺术风格；而图形作品中的工程设计图、产品设计图、地图等则属于科学作品，通常是客观世界的真实反映，这类作品的创作空间受到很大限制。

美术作品

不过，科学作品在具体表达上依然存在独创性。如地图虽然是对城市与村庄、河流与山脉等地理信息的客观表达，但地图制作者在地理元素的取舍、地理符号和符号色彩的选择等方面，依然存在创作的空间。同学们可以打开百度地图、高德地图、腾讯地图、360地图等电子地图，看看在不同的地图上，自己的学校在具体表达方式上有哪些差异。

著作权法保护的是人类的智力成

戏剧作品

果，但并不是所有的智力成果都受到著作权法的保护。不受著作权法保护的对象主要包括以下三类。

（1）官方文件，包括法律、法规，国家机关的决议、决定、命令和法院判决等具有立法、行政、司法性质的文件，及其官方正式译文。不给予这些文件著作权法保护，主要是为了保证国家法律、政令的畅通。

（2）单纯的事实消息。此类消息内容简短，表达方式有限，为方便公众及时获得新闻信息，故著作权法不予保护。以“2020年11月15日，中国、日本、韩国、澳大利亚、新西兰和东盟十国共同签署《区域全面经济伙伴关系协定》（RCEP）”为例，这则消息即属于单纯的事实消息。当然，如果有专家针对该协定的签署对区域和世界经济的影响，撰写了长篇分析文章，该文章则不是单纯的事实消息，而是受著作权法保护的作品。

（3）历法、通用数表、通用表格和公式。此类客体也是由于表达方式有限，且为人们普遍使用，故著作权法不予保护。当然，历法并不等于日历。人们根据历法所绘制的挂历、台历、日历，若加入了独创性的内容，则受到著作权法保护。

分析思考

你是否创作过属于自己的作品？它们分别属于哪种作品类型？最让你引以为豪的作品是哪一个？

第三节 作品的归属

谁享有作品的著作权呢？大家一定会说："当然是作者！"对一般作品来说，这个答案是正确的；但对一些特殊作品来说，答案就不一定了。

著作权归属于作者

作者是指运用自己的智慧，通过创造性劳动创作作品的人。在作品产生过程中仅提供咨询意见、物质条件的人并不是作者。**一般情况下，作品的著作权归属于作者。**如文字作品的作者就是创作该作品的人，在无相反证据的情况下，在作品上署名的人为作者。口述作品的作者包括演讲人、授课人等。戏剧、舞蹈作品的作者包括创作该作品的剧作家，戏剧、舞蹈有关音乐的作曲家，舞蹈动作设计者等。表演戏剧、舞蹈的人并不是戏剧、舞蹈作品的作者，而只是表演者。

问题讨论

2011年，英国摄影师戴维去印度尼西亚的热带丛林拍摄黑冠猕猴的照片。在一次偶然的机会下，一只黑冠猕猴按下了相机快门，拍摄了"自拍照"。你认为按下快门的那只猕猴可以成为该照片的作者吗？它是否享有该照片的著作权？

黑冠猕猴"自拍照"

作品可以由一个人单独创作完成，也可以由两人以上共同创作完成。例如两名作家共同去体验生活，一起讨论构思，合作创作一部小说。**合作作品的著作权由合作作者共同享有。**合作作品可以分割使用的，作者对各自创作的部分可以单独享有著作权，但行使著作权时不得侵犯合作作品整体的著作权。

事例分享1-3

《五环之歌》不构成侵权

经典歌曲《牡丹之歌》创作于1980年，由乔羽作词，唐诃、吕远作曲。众得公司从词作者乔羽处获得了该歌曲的授权。而相声演员岳云鹏创作了《五环之歌》，并进行商业演出，电影《煎饼侠》还将其作为背景音乐和宣传MV使用。众得公司认为前述行为侵犯了《牡丹之歌》的著作权，于是向法院提起诉讼。

牡丹之歌

啊　牡丹

百花丛中最鲜艳

啊　牡丹

众香国里最壮观

……

五环之歌

啊　五环

你比四环多一环

啊　五环

你比六环少一环

……

法院认为，《牡丹之歌》是乔羽与唐诃、吕远共同创作的合作作品，其著作权由三人共同享有。众得公司仅从词作者乔羽处获得相应授权，未获得曲作者的授权，故其不能就该歌曲包括词曲的整体内容主张权利。《五环之歌》与《牡丹之歌》的歌词内容既不相同也不相似，前者未使用后者歌词部分具有独创性的基本表达，两者表达的思想主题、表达方式亦不相同。据此，法院认定本案被告并不构成侵权。

受著作权法保护的作品，还可以是对他人作品的“再创作”。例如，把中国水墨画改成西方油画，将中文小说翻译为英文小说，对不易理解的古诗词加以注释，把凌乱的手稿编排成可阅读的文章，抑或是精选若干篇论文汇编成一本书。这种对他人作品进行再创作所形成的作品，被称为**演绎作品**。演绎作品的产生，凝聚了创作者的智力劳动，故创作者对演绎作品享有著作权。不过，演绎作品毕竟是在原作品的基础上创作而成的，故演绎作品的作者在行使著作权时，不得侵犯原作者的著作权。例如，将热门小说改编成电影，电影《流浪地球》就改编自著名科幻作家刘慈欣的同名小说。这类电影在拍摄之前，需要获得小说著作权人的同意，电影字幕上也需要署上小说作者的姓名，同时不得对原作品的内容进行歪曲和篡改。

著作权全部或部分不归属于作者

在一些特殊情况下，作品的著作权部分甚至全部不归作者所有。如**受委托创作的作品**，著作权的归属由委托人和受托人通过合同约定；没有约定的，著作权归受托人享有。这也意味着出钱的委托人，如果在委托创作合同中忘了对著作权归属作出明确约定，最后可能一无所得。

作者的创作可能是为了完成其所在单位的工作任务，这种作品属于**职务作品**。一般职务作品，著作权由作者享有，但作者所在单位有权在业务范围内优先使用。特殊职务作品，作者仅享有署名权，其他权利都由单位享有。特殊职务作品，如工程设计图、产品设计图、地图、示意图、计算机软件等，创作依赖于单位提供的物质技术条件，并且由单位承担责任。此外，广播电台、电视台、报社、期刊社、通讯社的工作人员创作的职务作品，也属于特殊职务作品。

计算机软件

还有一类作品，由单位组织主

持，代表单位意志创作，并由单位承担责任，如学校的年度工作报告等。这类作品被称为**法人作品**，单位视为作者，享有法人作品的署名权。在实践中，特殊职务作品和法人作品有时并不容易区分。

视听作品中的电影作品和电视剧作品属于特别的作品类型，其最大的特点是高投入、高风险。拍摄电影或电视剧需要有编剧、导演、摄影、演员、特技、美工、灯光、布景等大量专业人士参与，还需要投入大量资金，如果作品制作低劣，口碑崩塌，高额投资就会血本无归。在电影或电视剧的制作中，提供资金和组织拍摄的制作者承担了最大的风险。考虑到制作者的巨额投资和电影或电视剧的商业运作，我国《著作权法》规定，**电影作品和电视剧作品的著作权由制作者享有。**当然，编剧、导演、摄影、作词、作曲等作者都为电影或电视剧的创作付出了创造性劳动，他们都享有署名权，并有权按照与制作者签订的合同获得报酬。因此，在电影或电视剧片尾的字幕中，往往会列出长长的一串演职人员名单。

第二章

著作权

通过第一章的学习，我们了解了什么是作品，那么，同学们知道什么是著作权吗？说到“著作权”，是不是有些同学感觉陌生甚至深奥呢？其实“著作权”既不陌生也不深奥，它与我们每个人都息息相关。

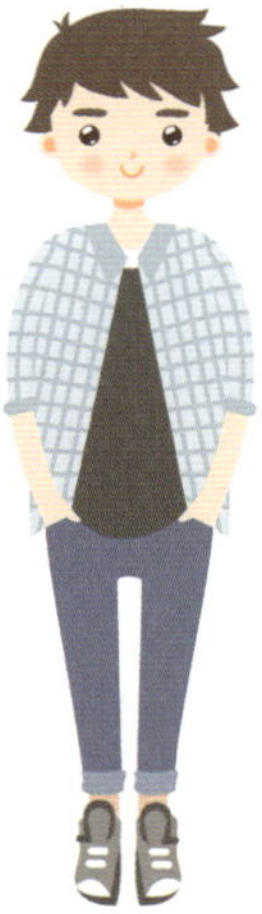

作者的思想通过作品才能表达出来。所谓“著作权”，是指作者对其创作的作品所享有的专有权利，比如同学们创作了诗歌、小说、画作、歌曲，那么相应地，同学们就享有了这些作品的著作权。著作权的内容十分丰富，既包含种类繁多的财产权，也包含与作者身份紧密联系的人身权。

本章知识结构

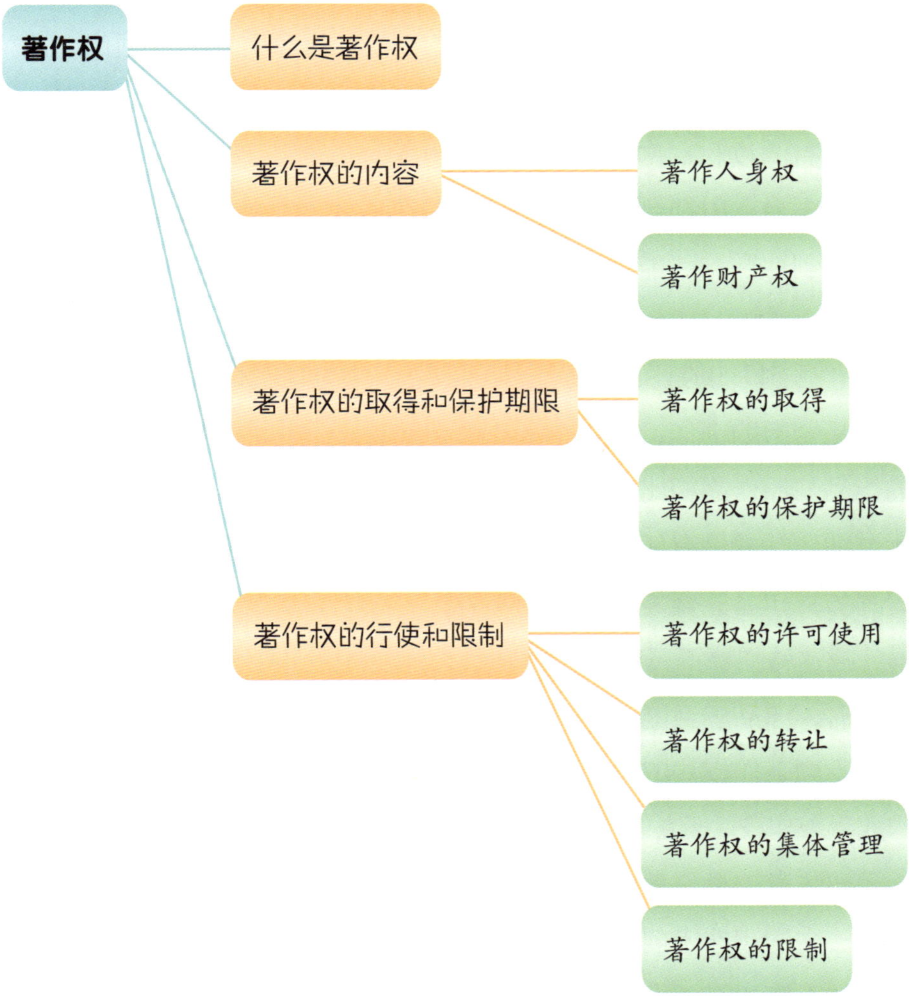

第一节 什么是著作权

著作权，也称版权，是指文学、艺术、科学作品的作者对自己的作品所享有的专有权利。如作家对自己的小说、画家对自己的画作、摄影师对自己的摄影作品都分别享有著作权。狭义上的著作权仅包括作者对自己作品所享有的权利；广义上的著作权还将出版者、表演者、录音录像制作者、广播电台、电视台等享有的权利（即与著作权有关的权利）也包括在内。“独创性”和“能以一定形式表现”，是作品受著作权法保护的两个核心要素。

把“思想”以某种形式表达出来的智力劳动过程称为“创作”。作品可以是全新的创作，也可以是建立在他人作品基础上的再创作，但再创作的作品与原作品相比必须有“可以客观区别的变化”，并且该变化不能“太过细致”或没有任何创作意义和价值。例如，临摹出和原作一模一样的国画仿真作品无疑需要高超的技巧，但由于仿真作品和原作之间不存在差异，故这种临摹不属于著作权法意义上的创作。

同时，作品应当能通过一定的形式表现。作家在脑中构思好的小说腹稿不能受到著作权法的保护，只有将其用笔写出来或者用电脑打出来，才能构成受著作权法保护的作品。

需要注意的是，著作权法不保护“思想”本身，只保护“思想”的具体表达。文学和艺术创作或多或少都是建立在前人思想的基础之上，完全不借助他人思想而创作的作品几乎不存在。如果思想也受著作权法保护，就会禁锢后人的创作。例如，科幻小说中经常出现的科幻元素包括机器人、克隆人、外星人、激光武器、宇宙飞船、星际旅行、时间旅行、多维空间、平行世界等，如果这些科幻元素成为首创者的禁脔，后人在创作时不能使用，那科幻小说的创作也不可能百花齐放。

事例分享 2-1

著作权法不保护思想

《人民的名义》是当代作家周梅森创作的反腐题材长篇小说，由北京出版集团出版发行。该小说以检察官侯亮平的调查行动为叙事主线，讲述了当代检察官维护公平正义、查办贪腐案件的故事。2017年，作家李霞认为该小说在故事结构、人物设置、具体情节、文字表达等方面大量抄袭、剽窃自己在先发表的小说《生死捍卫》，于是将周梅森和北京出版集团诉至法院，提出共计110万元的赔偿请求。

法院在判决中认为：（1）关于故事结构，尽管两部小说均采取了主线检察线、副线政治线的双线线索设置，但这是反腐题材小说常用的结构模式，并非《生死捍卫》的独创性表达内容。（2）关于人物设置，尽管两部作品在某些人物设置上选取了相同或相似的素材，但这些素材都属于日常生活中常见的，并非《生死捍卫》的独创性表达，不应被某一部作品所独占。（3）关于具体情节，李霞主张的50处具体情节在表达上有其独创性部分，但《人民的名义》的相应情节内容与其相比并未构成实质性相似。（4）关于文字描写，李霞主张相似的78处文字中的一部分属于常用词汇、固定搭配、俗语俚语、生活语言、特定情境的常用表达等日常生活中的文字描写，其本身并不属于著作权法的保护范畴。

据此，法院认为两部小说并未构成实质性相似，本案被告未侵犯原告的著作权。

资料卡：现代著作权制度的由来

15世纪中叶，德国人古登堡发明了活字印刷机，活字印刷术随即风靡欧洲，作品复制成本大为降低，极大地方便了各种言论的传播。在当时，英国正处于宗教斗争的水深火热中，需要严格控制各种“异端”思想的传播，对印刷出版业的言论审查和控制也变得更为紧迫和严密。

1538年，英王亨利八世正式建立皇家特许制度，规定所有出版物均须经过特许，否则禁止出版。1557年，英国玛丽女王下令成立皇家特许出版公司（后称为印刷商与出版商协会），规定只有经过女王特许的印刷商才能成为公司的会员，只有公司会员和其他特许者才能从事印刷出版。1689年，国王詹姆斯二世的统治被英国国会推翻。到了1695年，英国政府进行出版审查的授权法案也化作历史的尘埃。

授权法案被废止后，非法翻印图书的行为迅速蔓延，印刷商与出版商协会的利益受到严重威胁。协会为维护自身利益，迫切需要新的理由遏制盗版行为。于是，协会主张为图书的创作、印刷和销售付出的大量的时间和劳动，应当获得保护。这种“与文学有关的财产权”应当确保属于作者及其受让人或买受人，而这里看上去并不起眼的“买受人”就是指出版商自己。

1710年，英国颁布了《为鼓励知识创作授予作者及购买者就其已印刷成册的图书在一定时期内之权利的法》（又称《安妮女王法》）。该法采用作者及其财产权的思路来平衡图书贸易中的垄断之争，首次从法律上确认了作者对于自己作品的印刷出版的支配权。自此，版权不再是由王室赐予的特权。《安妮女王法》确立了现代版权立法的基本模式，影响和启发了后来的版权立法。

我国是世界上最早发明印刷术的国家，早在公元868年，我国就已经有了印刷版的《金刚经》，这是世界上现存最早的标有年代的雕版印刷品。在南宋时期，我国印刷术已广泛传播，对版权的重视也初见端倪。南宋光宗绍熙年间（公元1190—1194年），四川眉州的程舍人刻印了王称所著的《东都事略》。该书在目录页上印有声明“眉山程舍人宅刊行，已申上司不许覆版”。这个声明与今天常见的“版权所有，不得翻印”的意思非常接近。

在西方文化的影响下，清朝政府于1910年颁布了《大清著作权律》，这是我国第一个现代意义上的版权法。中华人民共和国成立后，于1990年颁布了《中华人民共和国著作权法》（简称《著作权法》）。该法在鼓励智力创作、保护作者权利、促进文化产业的发展、满足人民群众的精神文化需求方面发挥了积极作用。我国还加入了《世界版权公约》《保护文学和艺术作品伯尔尼公约》等国际条约。

2012年6月26日《视听表演北京条约》在北京缔结，这是中华人民共和国成立以来第一个在我国缔结、以我国城市命名的国际知识产权条约。该条约已于2020年4月28日正式生效。

第二节 著作权的内容

著作权的内容十分丰富，从性质上可以区分为著作人身权和著作财产权两大类，如下所示。

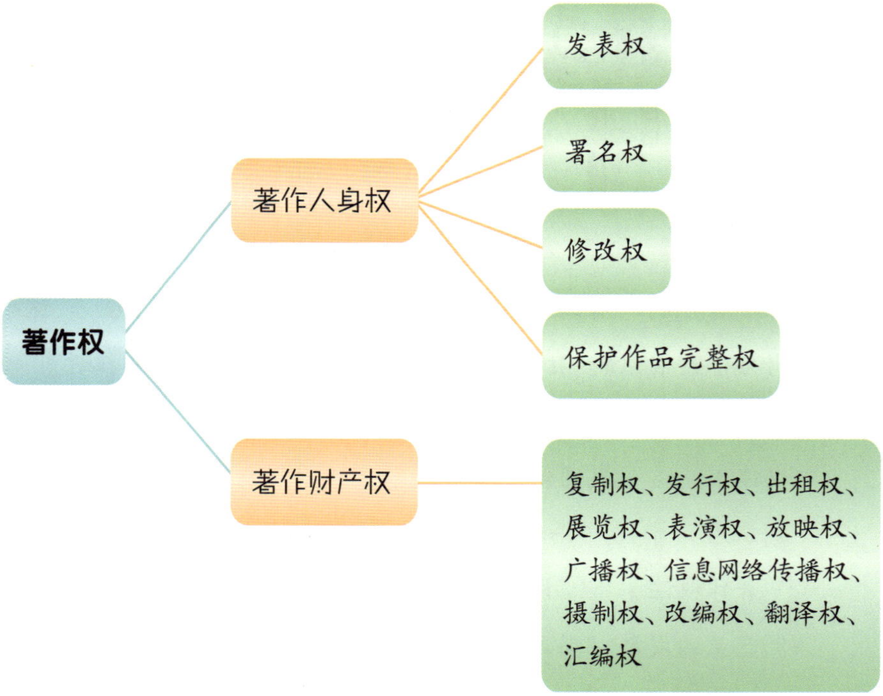

著作人身权

俗话说“文如其人”，针对同一个主题，不同的作家写出来的作品风格并不相同，故作品往往被视为作者人格的一种延伸。例如，同样是写武侠小说，金庸笔法精炼老到，文字朴实厚重；古龙行文诡异森奇，文字飞扬跋扈；梁羽生情节行云流水，文字古朴。**著作人身权，**也称为著作人格权，体现着作者有权采取某些行动保护作者本人与其创作的作品之间的个人联系。著作人身权具体包括以下内容。

（1）**发表权，**即决定作品是否公之于众的权利，还包括决定以何种形式发表和在何时何地发表的权利。发表权只有一次，作品首次公开后再次进行传播不属于发表。

（2）**署名权，**即表明作者身份，在作品上署名的权利，也称为“确认作者身份权”。作者还可以选择不署名，署名也可以署笔名、假名、译名等。

（3）**修改权，**即修改或授权他人修改自己创作的作品的权利。修改是对作品内容作局部的变更以及对文字、用语进行修正，而不是将作品从一种类型改编为另一种类型。

（4）**保护作品完整权，**是指作者保护其作品的内容、观点、形式等不受歪曲、篡改的权利。

事例分享 2-2

关于《九层妖塔》的纠纷

电影《九层妖塔》系根据张牧野（笔名天下霸唱）所著小说《鬼吹灯之精绝古城》改编而成。张牧野认为该电影对原作进行了众多颠覆性改动，且该电影未给自己署名，侵犯了自己的署名权和保护作品完整权，于是将电影版权方、导演等作为被告，向法院提起著作权侵权诉讼。

小说中“九层妖塔”的原型地点：
青海省都兰县热水古墓群

一审法院支持了张牧野关于署名权被侵犯的诉讼请求，但判决不构成侵犯保护作品完整权。张牧野不服，提起上诉。

二审法院认为，涉案电影将主要人物胡八一及Shirley杨分别设定为羿王子后裔及具有异能的鬼族后人，并将涉案小说从普通人类摸金校尉利用风水玄学探险的故事，改为具有超能力的英雄后人与鬼族人和怪兽战斗的故事。上述改动是对涉案小说主要人物设定、故事背景等核心表达要素的大幅度改动，对作者在原作品中表达的观点和情感作了本质上的改变，因而构成了对原作品歪曲、篡改。

二审法院最终认定，本案被告侵害了张牧野对涉案小说的保护作品完整权，判令其停止传播涉案电影，向张牧野公开赔礼道歉、消除影响，并赔偿张牧野精神损害抚慰金5万元。

著作权法同时赋予作者人身权和财产权，体现出对创作者人格与财富的双重尊重。人身权排列在财产权之前，也体现了立法者更重视人身权的价值取向。

分析思考

同学们了解张爱玲的《小团圆》和弗兰兹·卡夫卡的《审判》这两部小说的出版过程吗？这两部小说的作者生前均表示要销毁书稿，但当他们去世后，他们各自的继承人依然出版了这两部小说。这样做，是否侵犯了作者著作人身权中的发表权呢？

同时，根据著作人身权的内容和作用，你认为作者的人身权可以转让吗？为什么？

著作财产权

著作财产权，是指作者通过自己使用或者许可他人使用作品获得经济回报的权利。著作财产权具体包括以下内容。

（1）**复制权，**即将作品制作成一份或者多份复制件的权利，具体方式可以是印刷、复印、拓印、录音、录像、翻录、翻拍、数字化等。

（2）**发行权，**指以出售或者赠与方式向公众提供作品的原件或者复制件的权利。例如，作者将自己的文章打印数十份送给亲朋好友也属于“发行”。

（3）**出租权，**指有偿许可他人临时使用视听作品、计算机软件的原件或者复制件的权利，计算机软件不是出租的主要标的的除外。出租权主要针对的是那些容易通过计算机进行复制的作品，纸质书籍并不在内。

（4）**展览权，**指公开陈列美术作品、摄影作品的原件或者复制件的权利。展览权对其他类型的作品并没有太大意义，如将一部热门小说逐页打印出来放在美术馆进行展览，基本上不会有读者专门过去观看。

（5）**表演权，**指公开表演作品，以及用各种手段公开播送作品的表演的权利。这里的公开表演指的是现场表演，如在舞台上表演话剧、演奏乐曲等。

（6）**放映权，**指通过放映机、幻灯机等技术设备公开再现美术、摄影、视听作品等的权利。

（7）**广播权，**指以有线或者无线方式公开传播或者转播作品，以及通过扩音器或者其他传送符号、声音、图像的类似工具向公众传播广播的作品的权利，但不包括信息网络传播权。

（8）**信息网络传播权，**指以有线或者无线方式向公众提供，使公众可以在其选定的时间和地点获得作品的权利。在信息网络传播权中，公众获得作品的时间和地点可以由自己决定，只要连上互联网，公众随时随地都能观看网上的小说、视频。

（9）**摄制权，**指以摄制视听作品的方法将作品固定在载体上的权利。

（10）**改编权，**指改变作品，创作出具有独创性的新作品的权利。例如，将小说改编成剧本、漫画等。

（11）**翻译权，**指将作品从一种语言文字转换成另一种语言文字的权利。例如，将一本中文小说翻译成英文。

（12）**汇编权，**指将作品或者作品的片段通过选择或者编排，汇集成新作品的权利。例如，筛选不同诗人的代表诗歌，编排成一本诗集。

资料卡：“盗版”的由来

盗版，是指未经著作权人同意或授权，对其作品进行复制、销售和使用的行为。绝大多数国家和地区的法律均将盗版认定为侵犯著作权的违法行为，情节严重者可构成犯罪。盗版出版物通常包括盗版书籍、盗版软件、盗版音像制品等。据记载，在欧洲，第一个对盗版行为提出抗议的是德国宗教改革领袖马丁·路德，他于1525年出版了一本叫《对印刷商的警告》的小册子，揭露了某些印刷商盗用他的手稿，指责此举与海上进行劫掠的海盗无异。直到今天，西方国家仍旧把盗印他人作品的图书版本称为“海盗版”。

互联网技术已经打破了传统的版权所有者、传播者和使用者之间的利益格局，著作权制度在网络时代受到前所未有的挑战。随着全球互联网技术的迅猛发展，互联网越来越成为人们获取文字、音乐、电影、游戏等作品的重要途径。由于互联网传播作品的特点是迅速和海量使用，虽然各国法律都规定了通过互联网传播他人作品要经过权利人许可，但在实践中未经权利人许可在网上传播作品的情况仍相当严重。在互联网环境下，著作权的保护问题已经成为国际社会不得不共同面对的挑战，各国纷纷从政策、法律、执法手段、技术措施等层面寻求解决方案。

事例分享 2-3

著作权商业化维权

近年来，我国知识产权诉讼案件数量增长迅猛。据最高人民法院统计，2019年，地方各级人民法院共新收知识产权民事一审案件399031件，比2018年上升40.79%。其中，新收著作权案件293066件，占案件总量的73.44%。著作权案件数量众多的一个重要原因是其中很大一部分著作权案件为批量诉讼的商业化维权案件。根据北京互联网法院统计，自2018年9月9日至2020年6月30日，该院共受理著作权案件49855件，其中一半以上案件为涉图片类著作权案件。

许多作者著作权意识淡薄，在网上发表各类文章时，使用的配图往往是直接从网上下载的，并未获得著作权人的授权。部分图片公司因此将诉讼维权作为主要的商业模式，通过专业软件锁定使用自家图片的用户，采用批量诉讼的方式降低维权成本，每年提起数千件乃至上万件诉讼，谋求远高于正常图片许可费的经济赔偿。

商业化维权处于灰色地带。一方面，商业化维权毕竟也是维权，正是由于侵权行为泛滥，才有商业化维权的空间。另一方面，商业化维权的大量存在，耗费了宝贵的司法资源，并且以司法定价代替市场定价，会导致司法定价与市场正常交易价格脱节，影响市场调节作用的正常发挥，从而不利于文化创作产业的繁荣发展。

第三节

著作权的取得和保护期限

著作权的取得

与绝大多数国家和地区类似，我国著作权法采用自动保护原则。**著作权自作品创作完成之日起产生。**作品一经产生，即享有著作权，既不要求登记，也不要求发表，也无须在作品复制品上加注著作权标记。

著作权这种自动取得的方式有利于节约社会成本，但也会给权利人维权带来一定的困难。在互联网时代，由于信息传播和复制的速度非常快，作品一经广泛流传，要证明原始作者的身份就比较困难，因此，著作权登记是证明权利人作者身份的办法之一。这种登记并不是取得著作权保护的前提条件，但登记证书可以作为权利人享有著作权的初步证明，在诉讼中可以作为权属证据使用。

目前，我国的著作权登记机构除隶

中华人民共和国国家版权局

计算机软件著作权登记证书

证书号：软著登字第5201165号

软件名称：全民精准健康管理云平台 V1.0

著作权人：全民精准健康管理（北京）有限公司

开发完成日期：2019年09月20日

首次发表日期：未发表

权利取得方式：原始取得

权利范围：全部权利

登记号：2020SR0322469

根据《计算机软件保护条例》和《计算机软件著作权登记办法》的规定，经中国版权保护中心审核，对以上事项予以登记。

中华人民共和国国家版权局 计算机软件著作权登记专用章

No.

2020年04月10日

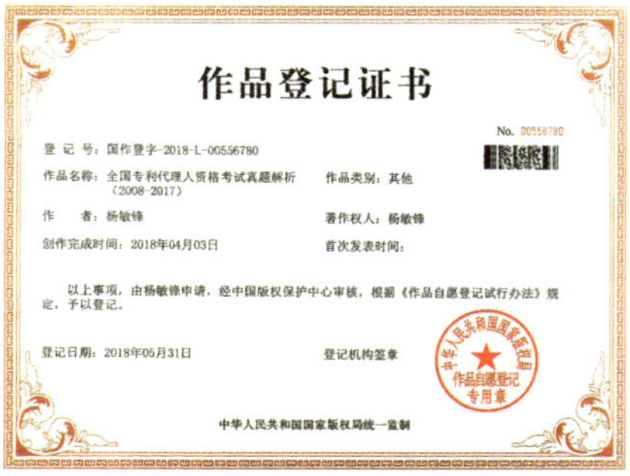

作品登记证书

No. 00556780

登记号：国作登字-2018-L-00556780

作品名称：全国专利代理人资格考试真题解析（2008-2017）　作品类别：其他

作者：杨敏锋　著作权人：杨敏锋

创作完成时间：2018年04月03日　首次发表时间：

以上事项，由杨敏锋申请，经中国版权保护中心审核，根据《作品自愿登记试行办法》规定，予以登记。

登记日期：2018年05月31日　登记机构签章

中华人民共和国国家版权局 作品自愿登记专用章

中华人民共和国国家版权局统一监制

著作权登记证书

属于国家版权局的中国版权保护中心外，还有30多个地方登记机构。

2019年，全国著作权登记总量超418万件，同比增长21.09%。其中，作品登记总量超270万件，计算机软件著作权登记总量超148万件。自2017年4月1日起，我国停征计算机软件著作权登记费。当然，其他类型的作品还需要交纳登记费用。

著作权的保护期限

法律对著作权的保护并不是无限期的，通常始于作品创作完成之时，止于作者死亡后一定期限。对于自然人创作的一般作品，世界各国在保护期限上大多遵循“作者有生之年加死后若干年”的原则。根据我国《著作权法》，作者是自然人的，著作权的保护期限至作者死亡后第50年的12月31日；作者是法人或者非法人组织的，著作权保护期限至作品首次发表后第50年的12月31日。不过，作者的署名权、修改权、保护作品完整权的保护期不受限制。这几项权利与作者的人身联系最为紧密，即使是作者死亡后，他人也不得侵犯。

分析思考

对已经超出著作权（财产权）保护期限的作品，在使用（如出版、改编）时还应注意尊重作者的哪些权利？

第四节 著作权的行使和限制

作品一经问世，就会遇到如何使用的问题。通常，他人没有法律或合同依据，未经著作权人许可使用其作品，即构成侵权，轻则承担赔偿损失、赔礼道歉等民事责任，重则可能构成犯罪，需承担刑事责任。

关于著作权的使用，同学们需要了解的主要内容有：著作权的许可使用、著作权的转让、著作权的集体管理和著作权的限制。

著作权的许可使用

通常情况下，使用他人作品，应当与著作权人订立著作权许可使用合同。根据合同约定，著作权人可以授权被许可人以一定方式，在一定期限和范围内使用自己的作品。

实践中，著作权的许可使用有以下两种类型。

（1）**专有使用权，**指著作权人授权某人使用其作品后，不得将该作品在授权使用期限内再授权第三人使用。

在专利和商标领域，对应著作权专有使用权的是独占许可和排他许可。独占许可意味着专利权人或商标权人自己也不得使用被许可的专利权或商标权，而排他许可则意味着专利权人或商标权人自己仍可以使用被许可的专利权或商标权。

专利权人和商标权人获取收益的方式往往以自己使用为主，对外许可为辅；而著作权人主要依靠对外许可获得收益。著作权的许可类型中，著作权人自己是否使用作品并非关键，故著作权并不严格区分独占许可和排他许可。

（2）**非专有使用权**，指著作权人授权某人使用其作品后，在许可期限内，还可以将该作品再授权第三人使用。

著作权的转让

著作权包括著作财产权和著作人身权，能够被转让的只有著作财产权。著作权人可以签订书面合同，将自己的全部或部分著作财产权转让给他人。作者死亡后，著作权中的著作财产权可以被继承。

需要注意的是，作品原件的转移并不意味着作品的著作权也发生了转让。例如，买家花费数十万元乃至上百万元购买了某知名画家的一幅油画，获得的是该油画的原件所有权，但该油画的著作权依然属于画家本人。买家可以对该油画进行所有权方面的处分，如再转卖给他人，甚至塞到灶膛里烧掉，但他不能授权出版社出版该油画，也不能对该油画进行修改。

著作权的集体管理

著作权在对外许可方面，面临着一个两难的困境。一方面，作者尤其是自然人作者，在作品发表后，往往难以控制他人对其作品的使用，更难以收到作品许可使用费。另一方面，很多作品的使用者（如KTV经营者）

需要长期大量使用他人的作品，要求这些使用者找到居住在世界各地的众多著作权人，与众多著作权人一一签订作品许可使用合同也并不现实。为解决这种困境，著作权集体管理应运而生。

著作权集体管理，本质上是将分散的著作权集中起来进行管理。著作权人将自己的著作权授权给著作权集体管理组织，由著作权集体管理组织统一对外授权，收取的使用费扣除管理费用后，再分配给著作权人。

著作权集体管理组织本质上是著作权人的代理人，不过为了简化程序，著作权集体管理组织以自己的名义为著作权人主张权利。在涉及著作权的诉讼、仲裁、调解活动中，著作权集体管理组织也是自己作为当事人参与其中。

目前，我国著作权集体管理组织有中国文字著作权协会、中国音乐著作权协会、中国音像著作权集体管理协会、中国摄影著作权协会、中国电影著作权协会等。这些协会分别对不同类型的作品进行集体管理。

著作权的限制

著作权人对自己的作品享有相应的权利，但基于社会公共利益需要，在一定条件下应当允许他人可以不经著作权人许可使用作品，甚至是无偿使用作品。此种情形就属于对著作权的限制。根据我国著作权法，对著作权的限制分为“合理使用”和“法定许可”两种类型。

（1）**合理使用，**是指在一定情况下使用作品，可以不经著作权人许可，不向其支付报酬，但使用者应当指明作者姓名或者名称、作品名称，并且不得影响该作品的正常使用，也不得不合理地损害著作权人的合法权益。著作权

法中的合理使用，从著作权人的角度来看，是对其著作权的限制；从使用者的角度来看，则是使用他人作品而享有利益的一项权利。我国《著作权法》第24条列举了“为个人学习、研究或者欣赏，使用他人已经发表的作品”“为学校课堂教学或者科学研究，翻译、改编、汇编、播放或者少量复制已经发表的作品，供教学或者科研人员使用，但不得出版发行”等12种合理使用的具体情形，并规定了兜底条款。

（2）**法定许可，**顾名思义，就是在特定的情况下，法律代替著作权人自动向使用者“发放”作品使用许可。法定许可与合理使用都不需要事先获得著作权人的许可，但法定许可需要向著作权人支付报酬。最常见的法定许可是为实施义务教育和国家教育规划而编写出版教科书，可以不经著作权人许可，在教科书中汇编已经发表的作品片段，或者短小的文字作品、音乐作品，或者单幅的美术作品、摄影作品、图形作品，但应当按照规定向著作权人支付报酬，指明作者姓名或者名称、作品名称，并且不得侵犯著作权人依照著作权法享有的其他权利。

事例分享2-4

“图解电影”不构成合理使用

优酷公司获得了热门电视剧《三生三世十里桃花》的信息网络传播权。蜀黍公司是在线图文电影解说软件“图解电影”App和“图解电影”网站的运营商。蜀黍公司在前述网站上提供了《三生三世十里桃花》第一集的图片集。该图片集共有382张图片，内容涵盖涉案电视剧第一集视频内容的主要画面，图片下方有制作者另行添加的剧情解说文字。用户通过“图解电影”软件观看图片集时，可以选

择5秒/张、8秒/张等速度进行自动播放，也可以选择自行点击“下一张”的方式手动播放。

优酷公司认为，该图片集基本涵盖了涉案剧集的主要画面和全部情节，侵害了自己享有的信息网络传播权，故向法院提起诉讼。蜀黍公司则辩称，涉案图片集使用的是截图而不是视频，且属于合理使用，不构成侵权。

法院经审理后认为，信息网络传播权中所规定的“以有线或者无线方式向公众提供作品”的行为，不应狭隘地理解为向公众提供的是完整的作品，因为著作权法保护的是独创性的表达，只要使用了作品具有独创性表达的部分，均在作品信息网络传播权的控制范围内。本案中，涉案图片集过滤了涉案剧集的音效内容，截取了涉案剧集中的382幅画面，其截取的画面并非进入公有领域的创作元素，而是原涉案剧集中具有独创性表达的部分内容，因此，提供涉案图片集的行为构成提供作品的行为。

合理引用的判断标准并非取决于引用比例，而应取决于介绍、评论或者说明的合理需要。涉案图片集的目的并非介绍或评论，而是迎合用户在短时间内获悉剧情、主要画面内容的需求。涉案图片集能够实质呈现整部剧集的具体表达，公众可通过浏览上述图片集快捷地获悉涉案剧集的关键画面、主要情节，提供图片集的行为对涉案剧集起到了实质性替代作用，影响了作品的正常使用。蜀黍公司提供图片集的行为将对原作品市场价值造成实质性影响，损害了权利人的合法权益。

据此，法院认为蜀黍公司的行为不属于合理使用，构成侵权，判令蜀黍公司赔偿优酷公司经济损失3万元。

第三章

与著作权有关的权利

我们常常看到，作品创作完成后，有的被束之高阁，有的则被人们欣赏、传阅和使用。这不仅与作品的优劣有关，也与作品是否得到广泛传播有关。作品传播者所享有的权利通常被称为与著作权有关的权利。

作品要在公众中传播，离不开作品传播者。不过，作品传播者的劳动往往无法达到著作权法中“独创性”的标准，其智力劳动成果无法作为“作品”获得保护。为鼓励和保护作品传播者的劳动和投入，著作权制度中设立了与著作权有关的权利。通过本章，你将会了解与著作权有关的权利的概念和内容，以及与著作权有关的权利是如何行使的。

本章知识结构

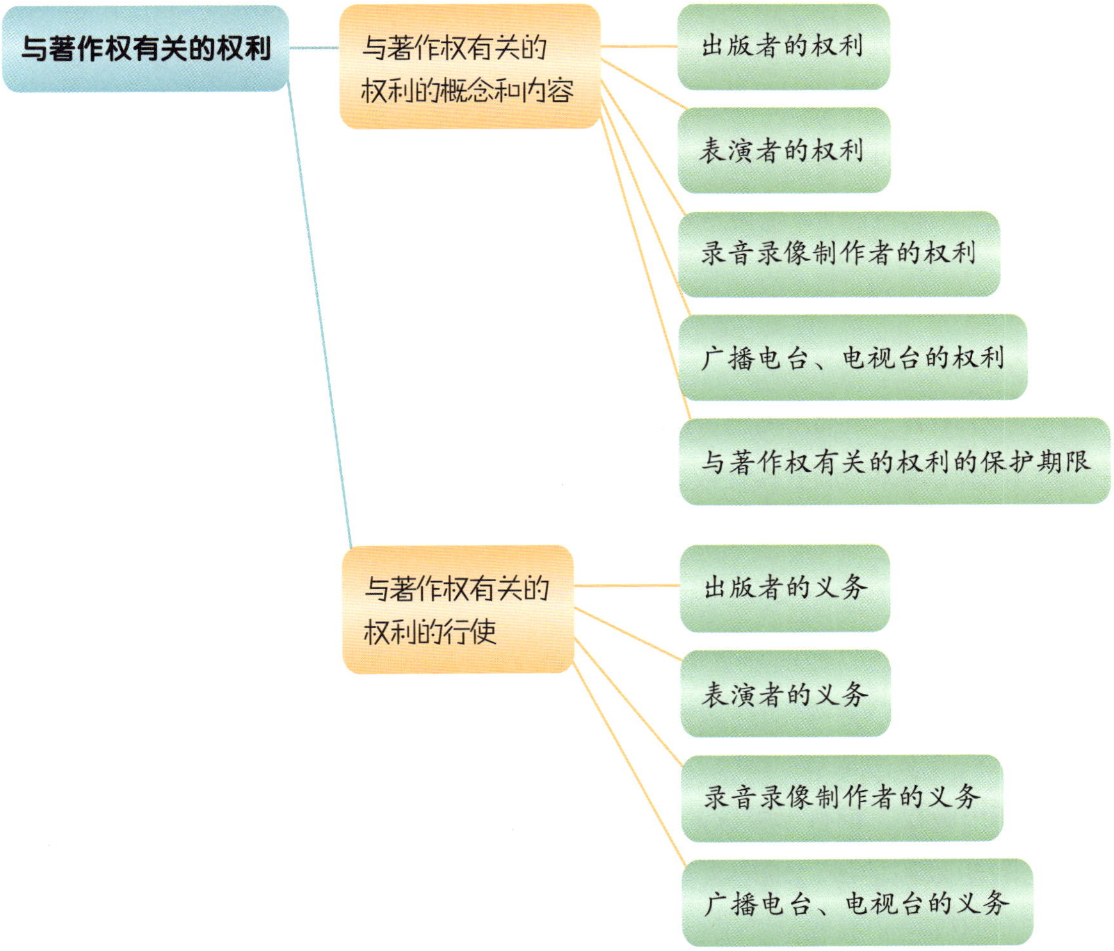

第一节

与著作权有关的权利的概念和内容

与著作权有关的权利，又称作品传播者权，是指作品传播者（包括出版者、表演者、录音录像制作者、广播电台、电视台等）在传播作品过程中因其付出的劳动或投资而依法享有的权利。

作品传播者权产生的原因在于世界各国需要保护那些独创性程度不高，但又与作品有一定联系的智力劳动成果。作品传播者权存在的意义在于补充与平衡，其法律保护强度要低于著作权。

出版者的权利

出版者，是指图书出版社、报社、期刊社等复制、发行出版物的单位。

出版者享有版式设计权。所谓“版式设计”，是指出版物版面格式的设计，包括对版心、版式、用字、行距、标题、引文、标点、图片、表格等版面要素的安排。出版者有权许可或者禁止他人使用其出版的图书、期刊的版式设计。

对图书出版者而言，最重要的权利应该是专有出版权。专有出版权，是指图书出版者在一定的期限和地域范围内，享有的独家出版他人作品的权利。不过，该权利不属于法定权利。根据《著作权法》，图书出版者是否享有专有出版权，由著作权人与图书出版者在出版合同中约定。在一般情况下，图书出版者为保证自己的经济利益，都会要求作者授予作品的专有出版权。

表演者的权利

表演者，是指演员、演出单位或者其他表演文学、艺术作品的人。表演者权，即表演者对其表演依法所享有的专有权利。根据《著作权法》，表演者享有以下权利。

（1）表明表演者身份；

（2）保护表演形象不受歪曲；

（3）许可他人从现场直播和公开传送其现场表演，并获得报酬；

（4）许可他人录音录像，并获得报酬；

（5）许可他人复制、发行、出租录有其表演的录音录像制品，并获得报酬；

（6）许可他人通过信息网络向公众传播其表演，并获得报酬。

事例分享 3-1

别动，这是我的表演

2006年3月，郭德纲和搭档王玥波发现市场上在销售《非著名相声演员郭德纲〈对口相声〉》DVD光盘和VCD光盘，其中收录了他们表演的21段相声。于是郭德纲和王玥波以侵犯表演者权为由，将涉案光盘出版方九洲公司与发行方飞乐公司诉至法院。

飞乐公司辩称，涉案光盘是该公司从天津艺术中心取得合法授权后出版发行的，不是侵权音像制品。

九洲公司辩称，该公司出版涉案音像制品经过了版权方的授权，尽到了出版者的合理注意、审查义务，不存在侵权行为。

法院经审理后认为，郭德纲和王玥波作为涉案21段相声的表演者，享有许可他人复制、发行录有其表演的音像制品并获得报酬的权利。任何人未经其许可，不得擅自使用其表演复制、发行音像制品。现郭德纲、王玥波只承认曾许可天津电视台使用涉案21段相声录制电视节目并在电视台播出，而否认许可天津艺术中心使用涉案相声出版音像制品，天津艺术中心也未能证明其获得郭德纲、王玥波的授权。据此，天津艺术中心不能被认定为涉案相声的被授权人，其无权对涉案相声进行对外许可。飞乐公司虽然与天津艺术中心签订了协议书，但并不能通过该协议书取得使用涉案相声的合法授权。

据此，法院判决飞乐公司和九洲公司构成侵权，需停止侵权，在报纸上赔礼道歉、消除影响，赔偿郭德纲、王玥波经济损失6.7万元。

录音录像制作者的权利

录音录像制作者的权利，是指录音录像制作者对其制作的录音录像制品，享有许可他人复制、发行、出租、通过信息网络向公众传播并获得报酬的权利。

广播电台、电视台的权利

广播电台、电视台的权利，一般是指广播电台、电视台对其播放的广播、电视节目信号所享有的权利。这种权利是基于广播行为而产生的，而不是基于节目的制作。广播电台、电视台制作的节目或拍摄的电视剧，构成视听作品的，则广播电台、电视台可作为著作权人享有相应的著作权，如中央电视台对其拍摄的电视剧《西游记》就享有著作权。

根据《著作权法》，广播电台、电视台有权禁止未经其许可的下列行为。

（1）将其播放的广播、电视以有线或者无线方式转播；

（2）将其播放的广播、电视录制以及复制；

（3）将其播放的广播、电视通过信息网络向公众传播。

与著作权有关的权利的保护期限

我国《著作权法》对与著作权有关的权利的保护期限有专门规定：出版者享有的版式设计权的保护期为10年，截止于使用该版式设计的图书、期刊首次出版后第10年的12月31日；表演者许可他人传播、复制、发行其表演并获得报酬的权利的保护期为50年，截止于该表演发生后第50年的12月31日；录音录像制作者许可他人复制、发行、出租、传播其录音录像制品并获得报酬的权利的保护期为50年，截止于该制品首次制作完成后第50年的12月31日。此外，表演者表明其表演身份和保护其表演形象不受歪曲的权利的保护期不受限制。

第二节 与著作权有关的权利的行使

为将作品送达消费者，作品传播者通常会有很多投入，但传播行为永远不能代替创作行为。因此，作品传播者的权利一定是建立在对著作权人的权利足够尊重的基础上。与著作权有关的权利的权利人在传播他人作品时，首先应该获得作品著作权人的许可，同时不能侵犯作品著作权人的著作权。

出版者的义务

出版者的义务主要包括以下几项。

（1）图书出版者出版图书，应当同著作权人订立出版合同。

（2）按期、按质出版图书。

（3）图书出版者重印、再版作品时，应当通知著作权人，并支付报酬。图书脱销后，图书出版者拒绝重印、再版的，著作权人有权终止合同。

（4）向著作权人支付报酬。

表演者的义务

使用他人作品演出的，表演者应当取得著作权人许可，并支付报酬。演出组织者组织演出的，由该组织者取得著作权人许可，并支付报酬。

如果表演者使用的作品是通过改编、翻译、注释、整理已有作品而产生的新作品，那么表演者除了需要获得原作品著作权人的许可并支付报酬外，还需要获得新作品著作权人的许可并支付报酬。

当然，如果这种表演属于合理使用范围内的免费表演，则不需要获得著作权人的许可，也不需要支付报酬。例如，企业员工在内部年会上自娱自乐的表演，就属于免费表演。街头乞讨者的表演理论上不属于免费表演，但如果真有著作权人对其提起诉讼，那恐怕会引发众怒。毕竟法律之外，还有人情。

现场演唱会

录音录像制作者的义务

录音录像制作者的义务主要包括以下几项。

（1）录音录像制作者使用他人作品制作录音录像制品，应当取得著作权人许可，并支付报酬。

（2）录音制作者使用他人已经合法录制为录音制品的音乐作品制作录音制品，可以不经著作权人许可，但应当按照规定支付报酬；著作权人声明不许使用的不得使用。

（3）录音录像制作者使用改编、注释、翻译、整理已有作品而产生的作品，应当取得该作品

歌曲录音

的著作权人和原作品的著作权人许可，并支付报酬。

（4）录音录像制作者在制作录音录像制品时，除应尊重作者的权利外，还应尊重表演者的权利，即如果涉及表演者的表演，则应当同表演者订立合同，并支付报酬。

广播电台、电视台的义务

广播电台、电视台的义务主要包括以下几项。

（1）广播电台、电视台播放他人未发表的作品，应当取得著作权人许可，并支付报酬。

（2）广播电台、电视台播放他人已发表的作品，可以不经著作权人许可，但应当支付报酬。

（3）电视台播放他人的视听作品、录像制品，应当取得视听作品著作权人或者录像制作者许可，并支付报酬；播放他人的录像制品，还应当取得著作权人许可，并支付报酬。

事例分享 3-2

“表演者权”往往不归演员所有

提到表演者，大家第一个想到的可能就是演员。不过，在著作权制度中，不管是戏剧演员还是电影演员，往往都很难享有“表演者权”。

在戏剧表演中，虽然演员的表演决定了戏剧的成败，但戏剧演出的筹备、组织、排练等均由剧院或剧团等演出单位主持，演出所需投入也由演出单位承担，参与演出的演员只是履行职务，故表演者权归演出单位享有。当然，如果是几名戏剧爱好者自己排练的戏剧作品，那他们可以共同享有表演者权。

拍摄电影需要导演、演员、摄影师、灯光师等各类人员一起协调，演员的表演只是其中一环。电影拍摄完毕，还有后期的剪辑、特效、配音等制作程序。一部电影往往演员众多，如果演员们享有表演者权，能够据此向电影制作者主张权利，那无疑会严重妨碍电影作品的商业利用。

2011年6月，演员高某为签约单位中视影烨公司拍摄了汽车广告片。2012年年底，高某发现奔驰销售公司在其官方网站、下属的4S店内以及汽车展销会上使用了该广告片，遂以奔驰销售公司的相关行为侵犯了其表演者权为由提起诉讼。

一审法院判决驳回高某的诉讼请求。高某提出上诉，二审法院判决驳回上诉，维持原判。

广告片拍摄

法院认为，高某作为模特依据合同约定拍摄了涉案广告片，其作为演员根据广告创意的脚本将自己的表演行为融入声音、场景画面中，通过导演的拍摄形成了“以类似摄制电影的方法创作的作品”，属于著作权法意义上的一种独立的作品形式，而该作品的著作权应归制片人享有，高某不能再单独主张表演者权。

第四章

著作权的保护

优秀的文学、艺术和科学作品，能够丰富人们的精神生活，推动人类社会的进步，促进国家和民族的繁荣兴盛。每个人都可以创作作品，都可以拥有著作权，著作权保护与我们每个人息息相关。

要营造优秀作品竞相涌流的良好氛围，一方面，必须营造鼓励思考、鼓励想象、鼓励创新的社会环境；另一方面，必须保障作者具有独创性的智力成果获得应有的回报，保护作者的著作权不受侵犯。保护作者著作权不受侵犯最有效的办法，是让侵权人承担相应的法律责任。这就是著作权保护的意义。我国法律规定，侵犯著作权将承担相应的民事责任、行政责任甚至刑事责任。

本章知识结构

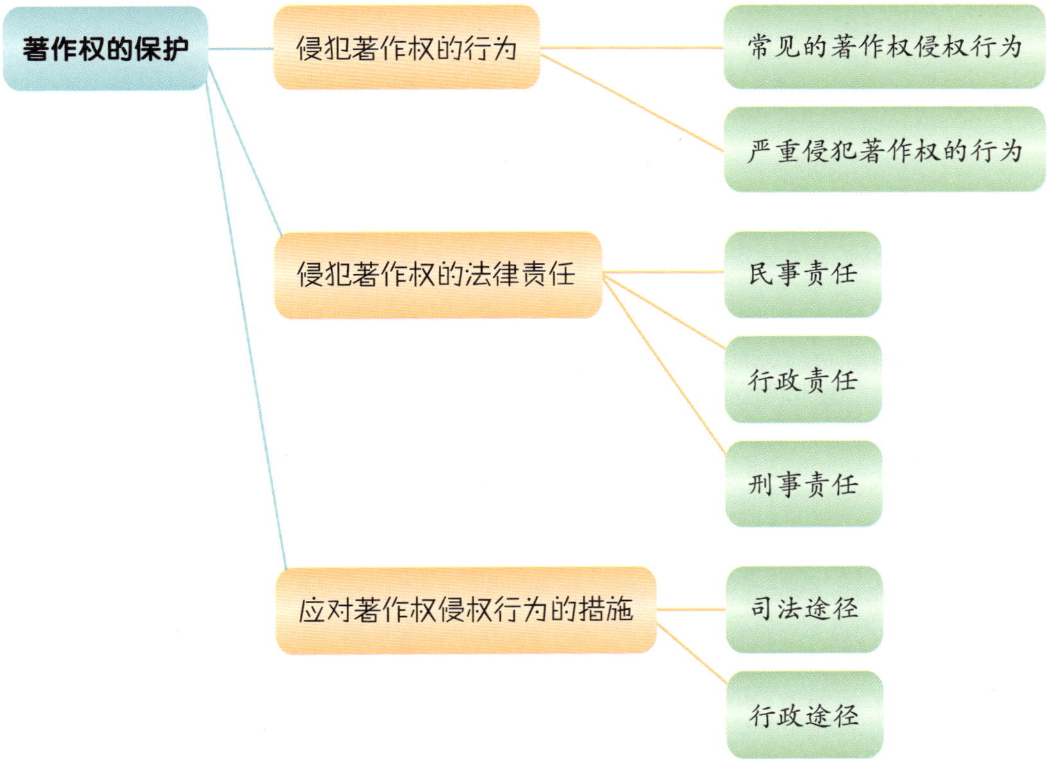

第一节

侵犯著作权的行为

著作权与我们的日常生活息息相关，我们如果不从事生产经营活动，侵犯商标权和专利权的可能性比较低，但平常一不小心却有可能会侵犯别人的著作权。

下面，让我们具体了解一下哪些行为属于侵犯著作权的行为。

常见的著作权侵权行为

我国《著作权法》第52条规定了11种侵犯著作权的行为，这些侵权行为看上去比较庞杂，但这些行为都与著作权人或者与著作权有关的权利人所享有的各项权利相对应，如发表权控制发表行为，复制权控制复制行为，信息网络传播权控制在互联网上的传播行为等。如果我们未经权利人许可，实施了那些权利所控制的行为，又不构成“合理使用”或者“法定许可”，那就侵犯了他人著作权。

著作权人的著作人身权包括发表权、署名权、修改权和保护作品完整权。行为人如果未经著作权人许可，擅自发表他人作品，则侵犯发表权；未经合作作者许可，将与他人合作创作的作品当作自己单独创作的作品发表，则同时侵犯了合作作者的发表权和署名权；没有参加创作，为谋取个人名利，在他人作品上署名，则侵犯署名权；歪曲、篡改他人作品，则侵犯保护作品完整权；剽窃他人作品，则同时侵犯了著作人身权和著作财产权。

事例分享 4-1

P图不可任性为之

2017年，演员林某某因4年前的一张PS图，被起诉索赔110万元。原来，2013年8月25日，林某某在微博里晒出一张PS照片，“展示”自己的光头形象，庆祝自己的微博粉丝量达到2100万人。然而，这张照片的原图来自知名摄影师朱某某的摄影作品《中华男儿》，作品主题是为了展现我国侦察兵的风采，曾获得第十八届全国摄影艺术展览金奖。林某某使用的涉案微博配图，将原图的四周进行了裁剪，并将原图面朝镜头的主要人物形象面部更改为林某某个人面部形象。

朱某某认为，林某某的行为侵犯了自己的署名权、修改权和保护作品完整权，将林某某等相关责任人诉至法院，要求追究各被告的侵权责任。

法院认为，林某某虽辩称涉案微博配图系他人修改所得，自己仅将其作为微博配图使用，但其提交的现有证据不足以证明涉案微博配图在其发布微博前已经存在，应当承担举证不能的法律后果。从法律真实的角度，法院认为林某某自行修改了涉案作品。

最终，法院认为林某某的行为侵犯了涉案作品的署名权、修改权、保护作品完整权和信息网络传播权，判决林某某在微博首页置顶位置连续72小时发声明，向原告朱某某赔礼道歉，赔偿朱某某经济损失30万元，合理开支4.5万元。

在本案中，法院判定的赔偿金额高达30万元，远高于类似案件，主要是考虑到以下因素：（1）涉案作品系军旅题材，多次荣获摄影类奖项，多次入选知名影展，知名度较高；（2）林某某发布PS图片对涉案作品主要人物进行了修改，使涉案作品丧失了原作所承载的核心精神，并具有了娱乐性，达到了宣传林某某个人目的，提升了林某某的形象和曝光度；（3）林某某发布的涉案微博以涉案微博配图为主要内容，且评论和转发量大，在该微博评论中已经出现要求删除配图的留言后，未能予以回应和处理，持续时间较长；（4）林某某系公众人物，其微博内容被多家媒体报道，扩大了涉案微博配图所造成的不良影响。

侵犯著作权的行为，除前述侵犯著作人身权的行为外，还包括侵犯著作财产权的行为。如未经著作权人许可，以展览、摄制视听作品的方法使用作品，或者以改编、翻译、注释等方式使用作品，分别侵犯了展览权、摄制权、改编权、翻译权和注释权。另外，使用他人作品应当支付报酬而未支付报酬也属于侵犯著作权。著作财产权中还包括出租权，不过这项权利仅针对视听作品和计算机软件。如果未经著作权人许可，出租视听作品或者计算机软件的原件或者复制件，则侵犯出租权。

事例分享4-2

受赠的作品不能被擅自作为商业标识使用

1994年，中国著名书法家关东升应邀为道琼斯公司总裁康比德书写了一幅“道”字书法，其中包括“道”字、“君子爱财、取之有道”及“康比德先生正”的题跋、落款、关东升名章、闲章。2002年，关东升发现道琼斯公司未经其许可将该款“道”字用于公司的商业标识，在网络、媒体广告、宣传材料上广泛使用，并删除了书法作品中的题跋、落款和印章。关东升认为道琼斯公司的行为侵犯了自己的著作权，遂提起诉讼。

道琼斯公司辩称，其使用的商业标识中包含的“道”字确为原告所写，但其使用是经过原告许可的，并不构成对原告著作权的侵犯。

法院经审理认为，道琼斯公司将涉案“道”字书法作品用于其商业标识，应当获得著作权人的许可。现双方并未就该书法作品的使用签订书面许可使用合同，且原告现否认自己曾许可道琼斯公司以商业标识的方式使用该作品。道琼斯公司虽然受赠获得该作品的原件，但并未获得该作品的著作权，不能据此认为原告已许可其将该作品作为商业标识使用。

据此，法院判决道琼斯公司停止侵权，向原告书面赔礼道歉，赔偿原告经济损失40万余元。

著作权法除保护著作权人的权益外，还保护出版者、表演者、录音录像制作者等与著作权有关的权利人的权益。未经表演者许可，从现场直播或者公开传送其现场表演，或者录制其表演，或者出租含有其表演的录音录像制品，则侵犯表演者的权利。当然，出租录音录像制品的原件或者复制件，如未经录音录像制作者许可，同时也会侵犯录音录像制作者的权利。出版者享有版式设计权，未经出版者许可，使用其出版的图书、期刊的版式设计，则侵犯出版者的权利。

严重侵犯著作权的行为

除了前面列举的常见的著作权侵权行为外，我国《著作权法》第53条还规定了8种更加恶劣的侵犯著作权的行为。这些侵权行为不仅侵犯了著作权以及与著作权有关的权利，还扰乱了文化市场秩序，损害了社会公共利益。严重侵犯著作权的行为，大致可以划分为以下三种类型。

第一种类型是未经权利人许可，大规模复制、传播受著作权法保护的作品、图书、表演、录音录像制品、广播、电视，严重侵犯著作权人、出版者、表演者、录音录像制作者、广播电台、电视台的利益。当然，针对不同的对象，传播行为的具体表现方式也不同。例如，作品的传播方式包括发行、表演、放映、广播、汇编、通过信息网络向公众传播；图书的传播方式则只包括出版；表演的传播方式包括发行录有其表演的录音录像制品，或者通过信息网络向公众传播其表演；录音录像制品的传播方式则包括发行、通过信息网络向公众传播其制作的录音录像制品；广播、电视的传播方式包括播放或者通过信息网络向公众传播广播、电视。

第二种类型是未经权利人许可，对技术措施、权利管理信息下手。对技术措施下手包括故意避开或者破坏技术措施；故意制造、进口或者向他人提供主要用于前述行为的装置或者部件；故意为前述行为提供技术服务。对权利管理信息下手则包括故意删除或者改变作品、版式设计、表演、录音录像制品或者广播、电视上的权利管理信息；知道或者应当知道前述载体上的权利管理信息未经许可被删除或者改变，仍然向公众提供该载体。

第三种类型是制作、出售假冒他人署名的作品。被假冒者一般都是知名度高的作者，此种侵权行为不但严重损害了被假冒者的声誉，而且欺骗公众，扰乱市场秩序。

事例分享4–3

在线直播使用他人歌曲构成侵权

2018年2月14日，斗鱼公司签约主播冯某某在该公司经营的直播平台进行在线直播，其间冯某某播放了歌曲《恋人心》，时长约1分10秒（歌曲全部时长为3分28秒）。在直播过程中，平台用户可以购买虚拟币和礼物打赏主播。直播结束后，该直播视频被主播制作并保存在斗鱼直播平台上，观众可以通过登录观看回放和分享。

中国音乐著作权协会（简称音著协）作为著作权集体管理

组织，获得了涉案歌曲作者的授权，认为斗鱼公司和主播冯某某的行为侵犯了该歌曲的信息网络传播权，遂提起诉讼。

在线直播

一审法院认为，根据签约主播和直播平台斗鱼公司之间的协议，主播在直播期间产生的视频的知识产权由直播平台享有。在直播当时、在线点播观看视频及不观看视频时，平台用户都可以选定主播房间号进行打赏。对于打赏收益，斗鱼公司与主播之间按比例进行分配。为此，斗鱼公司不仅是直播平台服务的提供者，还是平台上音视频产品的所有者和提供者，并享有这些成果所带来的收益。在这种情况下，虽然斗鱼公司在获悉涉案视频存在侵权内容后及时删除了相关视频，但也不能就此免责。

据此，一审法院判决斗鱼公司赔偿音著协经济损失2000元，因诉讼支出的合理费用3200元。

斗鱼公司不服，提起上诉。二审法院判决驳回上诉，维持原判。

第二节 侵犯著作权的法律责任

著作权中包括著作人身权和著作财产权，对于侵犯著作人身权的行为，侵权人应当承担停止侵害、消除影响、赔礼道歉、赔偿损失的民事责任；对于侵犯著作财产权的行为，侵权人应当承担停止侵害、赔偿损失的民事责任。

如果发生《著作权法》第53条规定的严重侵犯著作权的行为，侵权人在承担民事责任的同时，还有可能被主管著作权的部门责令停止侵权行为，予以警告，没收违法所得，没收、无害化销毁处理侵权复制品以及主要用于制作侵权复制品的材料、工具、设备等，违法经营额5万元以上的，可以并处违法经营额1倍以上5倍以下的罚款；没有违法经营额、违法经营额难以计算或者不足5万元的，可以并处25万元以下的罚款。

侵权行为如果构成犯罪，则依法追究侵权人的刑事责任。对此，我

国《刑法》规定了侵犯著作权罪和销售侵权复制品罪。认定构成侵犯著作权罪的，违法所得数额较大或者有其他严重情节的，处3年以下有期徒刑，并处或者单处罚金；违法所得数额巨大或者有其他特别严重情节的，处3年以上10年以下有期徒刑，并处罚金。认定构成销售侵权复制品罪的，违法所得数额巨大或者有其他严重情节的，处5年以下有期徒刑，并处或者单处罚金。

事例分享4-4

江苏扬州马某某等人侵犯著作权案

2019年3月，根据公安部“2·15”系列专案交办线索，江苏扬州公安机关破获一起侵犯春节档电影著作权案件，打掉一个翻拍制作《流浪地球》《疯狂外星人》等8部2019年春节档电影的犯罪团伙，抓获犯罪嫌疑人59名，摧毁作案窝点4处，查扣电影放映服务器等盗录设备1.3万余个。经查，2017年至案发，犯罪嫌疑人马某某等4人通过对正版影片翻拍制作高清盗版片源、发展下线，将翻拍的盗版片源添加水印并加密后上传至网盘，以付费加盟会员的形式将万余部电影提供给下线私人影吧非法放映牟利。

事例分享 4-5

琼瑶诉于正《宫锁连城》侵权

2014年5月28日，作家琼瑶向法院提起诉讼，称于正未经其许可，擅自采用其小说《梅花烙》和同名剧本的核心独创情节，改编创作电视剧本，并联合其他相关被告，共同摄制、播出了电视连续剧《宫锁连城》。琼瑶认为，于正等被告严重侵犯了她的改编权、摄制权，同时对她本人造成了极大的精神伤害。

一审法院经审理认为：（1）在人物设置与人物关系设置上，剧本《宫锁连城》是以原告作品为基础进行的改编及再创作；（2）在作品情节上，剧本《宫锁连城》中有9个情节安排与原告作品构成实质性相似；（3）在作品整体上，剧本《宫锁连城》相对于原告作品在整体上的情节排布及推演过程基本一致，导致与原告作品相似的欣赏体验。综上，一审法院认定，剧本《宫锁连城》涉案情节与原告作品的整体情节具有创作来源关系，构成对原告作品的改编。

据此，一审法院判定被告于正侵权成立，要求其赔礼道歉，并与其他相关被告连带赔偿原告经济损失及诉讼合理开支共计500万元，同时立即停止电视剧《宫锁连城》的复制、发行和传播。

一审宣判后，于正等相关被告不服判决，提起上诉。二审法院判决驳回上诉，维持原判。

第三节

应对著作权侵权行为的措施

根据我国《著作权法》规定，权利人的著作权以及与著作权有关的权利被侵犯时，可以通过司法途径或行政途径维护自己的著作权权益。**司法途径，**是指向有管辖权的人民法院提起诉讼，请求法院通过司法审判或者调解，追究侵权人的侵权责任；**行政途径，**是指请求有管辖权的主管著作权的部门对侵权人作出行政处罚。不过在行政程序中，主管著作权的部门不能裁定侵权赔偿的数额，只能应当事人请求进行调解，调解不成或调解书生效后不履行的，当事人只能通过诉讼解决。如果权利人有证据证明侵权者的行为已构成犯罪，还可以向公安机关报案，请求公安机关立案侦查；权利人也可以直接向人民法院提起刑事自诉。

事例分享 4-6

少年不可欺

2014年7月至9月，高某和邓某某共同策划了放飞搭载相机的气球拍摄地球的活动，并于2014年9月3日成功实施。根据上述经历，两人共同撰写了文章《追气球的熊孩子》，并在该文中配上了航拍的图片，发表在高某的微信公众号上。

合一公司看到文章后，主动找高某洽谈，希望将此次航拍故事拍成短视频。双方就拍摄细节进行了大量沟通，基本确定了纪录短片的制作流程及故事框架，但合一公司之后告知高某因经费不足，拍摄项目取消。

2014年11月下旬，合一公司名下的优酷网播放了宣传陌陌公司的广告片《追气球的熊孩子》。高某和邓某某发现后，在其微信公众号上发文《少年不可欺》，放出了合一公司和他们的沟通记录，称他们制作的视频《追气球的熊孩子》，被优酷剽窃创意翻拍为商业广告，引发网络热议。

2015年，高某、邓某某二人以合一公司、陌陌公司等为被告，提起著作权侵权诉讼，主张广告片《追气球的熊孩子》侵犯了自己同名文字作品《追气球的熊孩子》的著作权。

一审法院认为，被告广告视频及脚本均未使用原告文字作品的基本表达，两者的相似主要体现在思想上，故被告并未侵犯原告对涉案文字作品享有的改编权、摄制权。涉案视频使用了高某和邓某某拍摄的图片，但该图片为从相机自动录制的视频中截取，不符合作品独创性的要求，不构成作品。

据此，一审法院判决驳回高某、邓某某的诉讼请求。高某不服，提起上诉。

二审法院同样认为涉案广告视频并未侵犯文字作品《追气球的熊孩子》的著作权，但认为涉案文字作品中的图片构成摄影作品，被告行为侵犯该图片的著作权。

二审法院认为，对于那些体现了人工干预、选择并带有明确目的的拍摄，即使主要由机器自动完成，但只要满足了一定的艺术性，就不能否认其可以构成作品。涉案图片的拍摄、形成过程中，均有充分的人工干预，体现了上诉人高某的智力选择和编排。此外，高某对截图进行抠图、裁剪等美化操作，去除不具有美观的飘带部分，使得涉案图片更加具有美感。涉案图片从拍摄过程到最后美化处理的形成过程中，均有人为因素参与，体现了上诉人高某的智力选择和安排，符合摄影作品中关于独创性的要求，故涉案图片构成摄影作品。

据此，二审法院认定被告侵犯了高某就涉案图片享有的著作权，撤销一审判决，判令被告在优酷网刊登致歉声明，赔偿高某经济损失1万元及公证费7500元，驳回高某的其他上诉请求。

二审判决生效后，陌陌公司等一审被告不服，分别申请再审。再审法院裁定驳回再审申请。

作为公民，当发现侵犯著作权以及与著作权有关的权利的行为时，我们都有权利和义务向有关部门举报，要求有关部门制止侵权行为，并对侵权行为人作出行政处罚，以共同维护良好的著作权保护环境。例如，当我们买到盗版图书或音像制品时，就可以向国家版权局反盗版举报中心网站举报或拨打举报电话12390。“反盗版举报中心”不仅受理社会公众的举报，还会对举报及查处重大侵权盗版行为有功的单位和个人进行奖励。

问题讨论

张老师在市场上购买了一本学习辅导资料，认为这套资料很适合自己的学生。但是由于教师不能推荐学生购买辅导资料，张老师就扫描了该图书的全部内容，并上传到自己的网盘，供同学们下载使用。你认为张老师的行为是否侵犯了作者的著作权？为什么？